일상생활과 불교공부

말한이 활성 | 엮은이 김용호

고요한소리

일러두기
활성 스님께서 1989년 2월 28일 서울 법회와 1995년 10월 7일
서울 법회에서 하신 말씀을 중심으로 김용호가 엮어 정리하
였다.

차 례

여러분 오랜만입니다. 오늘은 이야기하는 방식을 좀 바꾸어 보겠습니다. 여러분들이 질문을 하고 제가 답변하는 식으로 해보겠습니다. 그러다 보면 부처님의 법〔佛法 *Dhamma*〕이 먼 나라의 이야기가 아니라, 바로 우리 일상과 밀접하다는 사실을 여러분이 확인하게 되리라고 기대합니다. 기탄없이 질문해 주시기 바랍니다.

일상생활과 불법佛法

질문 : 부처님 가르침과 우리의 생활이 같이 가기는 어렵다는 생각을 합니다. 예컨대 스님 말씀처럼 중도中道를 행해야 된다고 생각이 들다가도, 실제 매일매일

일상생활에서 불법을 어떻게 실천해야 할지 참 어렵습니다.

스님 : 불법佛法과 우리가 경험하는 실세계가 과연 동떨어진 것이 아닌가 하는 질문이군요. 좋은 질문입니다.

결론부터 말하면 불법과 일상생활은 다른 것이 아닙니다. 실생활에서 과연 불법이 정말 도움이 되는 유효한 길인가? 부처님은 모든 중생이 겪고 있는 고苦에서 벗어나는 길을 가르쳐주셨습니다. '고苦와 고의 멸滅'을 말씀하셨지요. 늘 말씀드린 바와 같이 사성제四聖諦, 팔정도八正道, 십이연기十二緣起가 불법의 핵심입니다. 팔정도의 바른 견해〔正見〕와 바른 사유〔正思〕를 가지고 바른 말〔正語〕, 바른 행위〔正業〕, 바른 생계〔正命〕를 하는 것이 우리의 삶이자 생활 자체가 아닙니까. 그런데도 당장은 그 괴리가 참 깊다고 느낄 수 있습니다.

고에서 벗어나는 것이 해탈·열반解脫涅槃입니다. 그렇건만 세속생활은 해탈·열반을 생각하고 있기에는 너무나 각박하고 험난한 고생살이입니다. 세상살이는 욕망에 집착하여 물질과 권력을 탐하도록 우리를 구조적으로 짜 넣습니다. 가시밭길 같은 세상 속에서 해탈·열반을 생각하고 앉아 있는 사람은 낙오자나 열패자劣敗者가 되기 십상이라는 걱정을 할 수 있습니다. 짧게 보면 그럴 수 있지요.

그런데 부처님이 세상과 인간을 보시는 눈은 전혀 다릅니다. 우리는 스스로를 누구의 아비이고, 누구의 자식이고, 누구의 친구이고, 어떤 경력을 가진 존재로 보지만, 부처님이 보시는 눈은 전혀 다릅니다. 금수를 포함하여 생명 있는 모든 존재는 누구 없이 각자의 길을 걸어가는 과정의 표현입니다. 인간은 단순히 태어나서 누구의 아비가 되고, 어떤 사회적 성공이나 거두고, 희희낙락하다가 사라져가는 그런 값없는 존재가 아닙니다. 우리가 '존재'라고 생각하는 것은 하나의 경험일 뿐이고, 그 경험을 통해 추구하게 되는 본질은 따로 있습니다.

모든 인간 경험의 본질적 의미는 '존재의 완성'에 있습니다. 우리가 어떤 존재로 태어났다는 것은 누구든 인생 경험을 통해 존재의 완성을 향하여 걸어가는 과정에 있다는 뜻입니다. 우리 중생은 사바세계라는 학교에 속해 있는 학생입니다. 천상, 인간, 아수라, 축생, 아귀, 지옥의 육도六道를 오르락내리락 하면서 때로는 월반이나 진학도 하고, 때로는 공부를 안 하고 게으름 부려서 낙제나 유급도 하고, 심지어는 퇴교도 당하는 학생인 겁니다.

끊임없는 생의 연속 속에서 어떤 존재를 받아서 공부를 잘 하면 다음 생에서 계속 진학하여 천상에 가서 충분한 복락도 누리고, 공부를 못하면 퇴학을 당해서 축생의 몸도 받고, 지옥에도 빠지고, 아귀가 되는가 하면 아수라가 되기도 하면서 윤회의 쳇바퀴를 돕니다. 그렇게 돌고 돌면서 존재의 완성, 즉 지혜와 덕성의 완성을 향하여 나아가고 있는 존재체라는 것입니다.

요컨대 부처님은 우리를 업 덩어리, 업체業體로 보십

니다. 불교에서는 남자나 여자로 보는 것이 아니라 어떤 업의 덩어리, 업의 구현체로 보는 것입니다. 금생에 복을 많이 누리면 그냥 '팔자가 좋다'고 보는 게 아니라, '선업善業을 많이 지니고 있는 업 덩어리구나.' 이렇게 봅니다. 공부를 잘 하고 있는 사람을 보면 '전생에 지혜를 많이 계발해서 상당한 향상의 분상에 있는 업체구나.' 건강한 사람을 보면 '선업을 많이 지어서 건강의 복을 누리고 있는 업체구나.' 그렇게 존재를 인과因果의 원리에 따라 나타난 업체로 보는 것입니다.

세상사 모두는 인과의 고리로 끊임없이 이어져 흘러가는 흐름입니다. 인간사를 길게 보면 기민하고 약삭빠르게 행동하여 성공한다고 해서 그게 성공인 것은 아니지요. 인과는 종합적이고 총체적입니다. 우리는 보통 한 가지 인因을 짓고 그 인에 대한 과果를 상정하는 버릇이 있는데, 인과는 그렇게 간단한 구조가 아닙니다. 인이 되는 업은 온갖 가닥이 모여 엮여나가는 흐름이므로 여러 업이 총체적으로 모여서 과를 빚어내기 때문에 잘 드러나지 않는 경우도 많지요. 하지만 요즘같이 급변하는 시대에는 우리 생애 안에 인과의 흐름을 맛볼 수도 있습니다.

그러한 업체로서 존재를 보면 무상한 영고성쇠榮枯盛衰 중의 어느 한 생에서 좀 잘됐다고 자만하거나 희희낙락하고, 조금 안 되었다고 한탄하고 자괴감을 가질 일도 아닙니다. 우리는 그렇게 허망한 존재가 아닙니다. 우리는 영고성쇠를 도도히 흐르는 업의 흐름에서 보다 더 본질적인 의미를 구현해가는 존재입니다.

우리는 금생이 마지막이 아니라 다음 생에 또 태어나고, 윤회가 끝날 때까지 거듭거듭 태어나야 합니다. 죽음이 끝이 아닙니다. 죽었다고 완전히 죽은 것이 아닙니다. 죽음 자체는 생이라는 한바탕 연극의 끝이 아닙니다. 그저 연극의 한 막이 내리는 것에 불과합니다. 업의 무대에서 한 막이 내리면 다시 새 옷 입고, 새 분장하고, 새 육신을 덮어쓰고 나와서 또 다른 업을 짓습니다. 그러다가 피곤하고 노쇠해서 더 이상 연기를 할 수 없으면, 다시 죽음이라는 막을 내립니다. 그리고 새로운 몸을 받고 새로운 역할을 맡아 또 무대에 등장하는 겁니다. 윤회하는 생의 무대는 끝없이 이어집니다. 그러한 존재체가 어디를 향하고 있는 것일까요? 궁극적으로 가고 있는 방향은 어디일까요?

존재체가 궁극적으로 가닿는 그 곳, 그것을 우리가 쓰는 언어로는 무엇이라고 설명할 길이 없어서 부처님은 그 명칭을 '열반涅槃 nibbāna'이라고 하셨습니다. 열반은 '불어서 끄다', '존재를 불어서 꺼버린다'는 뜻입니다. 즉, 이 하잘것없는 존재의 양식을 떠난다는 것입니다.

그러면 열반은 어떤 상태인가? 거기에 대해서 부처님은 자세한 설명을 안 하십니다. 우리 존재체는 오온五蘊의 가합假合이지요. 색·수·상·행·식色受想行識이라는 다섯 가지 요소가 결합되어 있는 존재체입니다. 그런데 '오온 다 멸한 경지가 열반이다', 이런 식으로 언중에 암시되고 있습니다. '불어서 꺼진' 열반의 세계, 이 덧없고 속절없고 가치 없고 고통스럽고 무상無常할 뿐인 이 존재체를 완전히 불어 꺼버린 것입니다. 그 이상은 언어로 설명할 길이 없습니다.

우리는 식識 *viññāṇa*을 통해 모든 사유를 합니다. 수受, 상想, 행行의 작용도 모두 식을 통해 일어납니다. 열반은 인간의 식으로 설명할 수 없는 세계이기 때문에 우리의 알음알이가 가닿을 수 없습니다. 우리는 색·수·상·행·식이 끊어진 참으로 높은 세계인 열반을 향해서 끊임없이 나아가고 있는 존재체입니다. 대승불교식으로 말하자면 우리는 어느 시점에 가서는 성불해야 하고 성불하고야 마는 존재인 것입니다. 인간뿐 아니라 동물의 몸을 빌리고 있건, 지옥에 빠져 있건, 그 모두가 언젠가는 성불하게 마련인 존재입니다. 따라서 성불로 가는 길이야말로 존재의 의미인 것입니다. 열반은 바로 그 존재의 의미를 구현시키는 것입니다. 그것을 깨닫도록 돕기 위하여 부처님이 나오셔서 법을 설하신 겁니다.

부처님은 그런 입장에서 세계를 보고 법을 설하십

12

니다. 부처님 법은 존재의 완성을 향해 나아가는 우리의 실제 생활 하나하나에 바로 직접적이고 구체적으로 도움을 주는 가르침입니다. 예를 들면 업 덩어리인 우리가 부처님 법대로 살면 선업을 짓게 됩니다. 지금부터 '성을 내지 않는다'는 걸 생활에 실천한다고 합시다. 그런 결심을 하는 데는 '성을 내서 좋은 일이 없으니, 성을 내지 않을 수 있으면 좋겠다'라는 걸 알기 때문이지요. '성내면 좋지 않다'는 것은 일상적 원리이지요. 부처님은 탐·진·치貪瞋癡 삼독三毒이 모든 괴로움의 원천이며 향상을 가로막는 장애라고 하셨습니다. 그러니까 부처님 법대로 살면 적어도 성을 내어 고통 받는 비극은 줄일 수 있습니다. 그만큼 부처님 법은 실생활에 좋고 우리의 향상에 실질적인 도움이 된다는 것입니다.

또 욕심 때문에 망하는 것을 우리가 많이 보아왔으니까 '욕심을 적게 내면 스트레스도 적게 받으니 훨씬 행복하다'라는 말들을 합니다. 그래서 '마음을 비우라'

거나 '욕심을 버리라'는 것도 '욕심이 없는 게 좋다'는 것을 알고 하는 말이지요. 이 역시 부처님 법대로 살면 적어도 탐욕을 부려 고통 받는 비극은 줄일 수 있습니다. 법이 일상생활에도 좋고 향상에도 도움이 되는 것입니다.

그리고 우리가 고통 받는 원인의 상당 부분은 열등감과 공포감 때문입니다. 우리는 여러 형태의 불안과 공포감에 짓눌려 살고 있습니다. 실패에 대한 공포감, 죽음에 대한 공포감, 병에 대한 공포감도 있을 것이고, 남보다 뒤떨어지고 패배하는 데 대한 공포감도 있을 겁니다. 이러한 공포감을 불교에서는 치암癡暗, 즉 어리석음에서 기인한다고 합니다. 모르기 때문에 불안하고 두려운 것이지요. 알면 두려울 일이 없으니까요. 불교는 치암을 없애는 것을 목적으로 합니다. 따라서 치암 없애기를 가르치는 불법대로 살면 어리석어서 고통 받는 비극은 줄일 수 있습니다. 그만큼 불법은 현실적으로도 매우 유용하고 향상에 이롭습니다.

욕심내는 마음, 성내는 마음, 어리석고 공포에 떠는 마음, 이 탐·진·치 삼독을 우리 마음에서 제거하는 것이 불교의 목표입니다. 우리가 그것을 없애는 데 성공하면 할수록 우리 실생활에 도움이 되고 향상의 길을 나아가게 될 것입니다.

그런데 한편으로 '그렇게 욕심이 없고, 성낼 줄도 모르고, 사리대로 살고 부처님 법대로 살아서 조용해지면 현실생활에서 에너지가 떨어지고 활동력이 상실되고 열패자劣敗者가 될 가능성도 있지 않느냐' 하는 우려도 항상 따라다닙니다. 눈 뜨고 코 베어 갈 세상에 무슨 부처인 양 어설픈 수행자가 된다면 과연 살아남기나 하겠는가? 언제 어느 귀신에 홀려서 당하고 마는 것이 아닐까? 그런 염려가 있을 수 있습니다.

예를 들면 내가 누구하고 어떤 업무상 거래를 할 때 부처님께서 가르치신 자세를 견지한다면 과연 그 거래가 성공할 수 있을까 싶지요. 눈앞의 단기적 사안에 대해 생각하면 실패할 가능성도 있어요. 어떤 때는 짐

짓 성을 내는 척이라도 해야 할 텐데 원체 성낼 줄 모르고 좋게만 대하니 저쪽에서 그런 나를 거꾸로 이용할 가능성이 있지 않을까 생각할 수도 있어요. 그러나 달리 생각해 보면 사례별로 일일이 그런 염려를 할 수도 없고 또 그럴 필요도 없습니다.

그런 염려보다는 지혜가 필요합니다. '저 사람을 다루는 데는 강한 태도를 견지해서 성도 좀 내야 된다.'고 판단하는 것도 지혜의 일종입니다. '지금은 짐짓 성을 내야 한다.'고 알면 그것도 지혜입니다. 그 사람의 나쁜 성향을 제어하기 위해서 내가 성낸 척을 하는 것이지요. 그래서 성낸 표정을 짓고 성낸 언행을 합니다. 이것도 지혜의 발휘입니다. 왜냐하면 성내는 척하면서 성냄을 활용하고 있을 뿐이지 진짜 성을 내서 성냄에 지배당하는 것은 아니니까요.

그렇게 본다면 현실생활과 불교와의 괴리乖離라는 것은 사실상 우리가 부처님 법을 제대로 모르고 부분적으로만 또는 피상적으로만 이해하는 데서 오는 기우일 뿐입니다. 사실상 불법을 잘 알면 알수록 현실적으로도, 향상의 분상分上에서도, 언제나 이로울 따름입니다.

부처님은 '이 법은 처음도 좋고, 중간도 좋고, 끝도 좋다.'고 하셨습니다. 이것은 부처님 당신의 말씀이 처음 서두도 좋고, 중간 논리 전개도 좋고, 그 결론도 잘 지어졌다는 뜻으로 이해할 수 있습니다. 뿐만 아니라 불법은 처음에 일상생활에서 비근하게 쓰는 데도 좋고, 수행의 분상에서 본격적으로 탐구해 가는 데도 좋고, 가면 갈수록 더 험난해지는 수행의 길에서 끝까지 올바른 길을 찾아가는 데도 좋다는 뜻입니다. 이 후자의 뜻이 그 말의 원뜻에 더 가까울지 모르겠습니다.

왜 부처님 법이 공부 길 내내 필요할까요? 어느 정도 공부하면 뭔가 성취되는 것을 경험하게 됩니다. 정신력이 집중되기 때문에 그 집중된 힘으로 볼 수 있는 새로운 세계가 열린다든지 또는 남을 제압하고 지배할 수 있는 힘이 생긴다든지 합니다. 그런데 이런 게 막상 공부에 있어선 최대의 장애이자 마장입니다. 어설픈 수행자들이 그러한 경계에 가서 주저앉아 버립니다. 하지만 부처님 법을 철저히 아는 사람은 그러한 경계가 와도 거기에 주저앉는 일 없이 끝까지 밀고 나가 마침내는 출가의 목적을 성취하는 큰 위업을 완성하게 되는 것입니다.

부처님 법은 해탈·열반이라는 궁극적 이상을 제시할 뿐 아니라, 모든 일에 있어서 참으로 이익되게 도와줍니다. 불교공부가 따로 있고 세속공부가 따로 있지 않습니다. 세속생활을 교과서 삼아 불교공부를 하는 것이기 때문에 그 둘은 서로 다른 것일 수 없습니다. 서로 영향을 주고 또 받는 관계에 있다는 점에서 불교는 우리 실생활의 체험과 결코 유리된 것이 아닙니다. 오히려 불법과 일상생활은 하나인 것입니다.

따라서 '불교는 세속생활에서도 이익이 된다.'라고 해야 이치에 맞습니다. 과연 그런지 아닌지는 실 수행을 통해서 확인해 볼 수 있을 겁니다. 여러분이 자신에게 정직하고 남에게 자비로워서 손해를 보는지 이익

을 보는지는 스스로 점검해 보십시오. 그 이상 말을
덧붙이면 불필요한 군더더기가 될 것입니다.

불법에 좀 더 다가가려면

질문 : 일상생활을 하면서 불법공부를 하려는데 잘 안
됩니다. 생활 속에서 부처님 가르침에 한 걸음이라도
다가가려면 어떻게 해야 할까요?

스님 : 저는 우리 회원들에게 〈고요한소리〉에서 나오는
책을 자주 읽으라고 권합니다. 한 권을 잡으면 적어도
열 번은 읽으십시오. 부처님 가르침을 담은 經경을 가
까이 하십시오. 절에 다니는 분들 중에 그저 염불을
하고, 참선을 따라하지만 불법에 대한 체계적인 이해
는 부족한 경우가 적지 않지요. 물론 상당히 열심히
공부하는 분도 있지만, 체계적인 이해가 없으니까 어

느 정도 들어가서는 헤매는 분들도 많은 걸로 알고 있습니다.

그럴 때에 경이 안내자로서 대단히 중요합니다. 하지만 읽는 버릇이 몸에 안 배어 있기 때문에 경을 옆에 두고도 이용할 생각은 안 하고 공부가 안 된다고 한탄하거나 스승을 찾아 이리저리 헤맵니다. 그렇게 해서 바른 길을 만나면 다행이지만 못 만나고 좌절하는 수도 많은 것 같습니다.

특히나 근본불교 수행법은 대승불교 전통이 강한 이 땅에 매우 생소한 것입니다. 그렇게 근본불교가 생소한데 〈고요한소리〉 책자를 소설 읽듯 넘겨버리고 마치 아는 것처럼 생각하고 흉내 내려고 해서는 별 도움을 못 얻을 것입니다. 안다고 생각되더라도 거듭 읽으면 읽을수록 깊은 맛이 우러나오니까 거듭 읽어야 합니다. 다시 말해 근본불교 공부에 들어가기 위해서는 이 공부 길을 제대로 알고 들어가자는 겁니다. 그래야 이 큰 공부 길에 헤매지 않고 바르게 접근할 수 있지 않겠습니까. 이런 의미에서 〈고요한소리〉 책 한 권을 잡으면 뜻을 알 때까지 읽으라고 주문을 합니다.

그런데 흔히 '불교는 알 듯 말 듯 참 어렵다.'고 합니다. 공부 좀 하는 분일수록 그런 이야기를 더 합니다. 그럴 때도 '어렵다, 어렵다' 하면서 한탄만 할 것이 아니라, 경을 거듭거듭 되새겨 보는 것이 매우 중요합니다.

부처님 메시지를 담고 있는 불법은 어떻게 보면 대단히 절박한 가르침입니다. 부처님이 깨달으시고 나서 무명고해無明苦海를 살고 있는 중생들을 보니까 너무나 딱한 겁니다. 그리하여 서른다섯 살에 깨달으신 후 팔십에 무여열반無餘涅槃에 드실 때까지 사십오 년이라는 긴 세월을 딱한 중생들을 위해 가르치십니다. 하루도 빠짐없이 길에서 탁발하시고, 진리의 길을 실천하면서 법을 가르치셨습니다.

부처님은 단순히 '착하게 살라, 좋은 일 하라, 나쁜 일 하지 말라.'고만 하신 게 아닙니다. 부처님이 우리에게 절실하게 전하고 싶어하신 메시지가 있습니다. 그것은 열반의 메시지입니다. 그러나 열반의 메시지가 불교 후대에 오면서 조금씩 변색이 됩니다. 열반이라는 궁극적 목표에 비추어보면 우리 존재는 몽롱한 안개 속 고해를 사는 존재입니다. 고통 속에 살면서 고통의 의미를 모르는 것, 그것은 바로 딱하디딱한 무지 때문입니다. 무명無明 중생이기 때문입니다.

부처님께서는 무지로부터 벗어나 보셨기에 중생이 겪고 있는 이 무지 속의 고苦가 실로 안타깝고 딱하여 고로부터 벗어나는 것이 참으로 절실하다고 보신 겁니다. 우리는 고해 속에 사니까 고해가 얼마나 끔찍하고 무거운지 오히려 모릅니다. 고를 벗어난 참 세계, 우리가 가야 할 그 세계에 대해서는 전혀 생각조차 하지 못합니다. 부처님은 고를 벗어나 본 분이시기에 고해의 무게와 고의 성격을 아신 것입니다. 고라는 것이 질식할 것처럼 답답하고 불행하며 불만족스럽다는 사실을 보셨기 때문에 그렇게 온 여생을 다 바쳐서 우리에게 고와 고를 벗어나는 길을 간절하게 가르치신 겁니다. 그것이 사성제, 팔정도입니다.

그러므로 부처님 가르침은 어떤 형이상학적 추론도 아니고, 좋은 가치를 가진 윤리만도 아닙니다. 부처님은 고에서 벗어나라고 우리에게 절체절명의 가르침을 전해 주신 것입니다. 부처님 가르침의 핵심인 사성제와 팔정도야말로 우리가 고에서 벗어나기 위해 가야 할 길입니다. 향상의 걸음걸음마다 발걸음의 방법을 체계적으로 제시해주는 가르침입니다.

빠알리어Pali로 된 근본불교의 경은 대단히 간결하고 명료합니다. 우리가 재미있게 철학하고 사변에 치우치라고 전해 주신 말씀이 아닙니다. 절대적인 명제를 이해하고, 그걸 실천 수행하는 자세를 촉구하면서 한 걸음 한 걸음 발 떼어놓는 방법에 대해서 가르치신 겁니다. 그러다 보니 거기에는 달콤한 당의정 같은 이야기들은 별로 없습니다. 대승경전에 익숙한 분들이 근본불교 경을 보면 생소할 겁니다.

하지만 불법을 관념적으로 대하는 입장을 떠나 한 걸음이라도 구체적으로 실천해서 향상을 이루겠다는 입장에서 보면 근본불교의 경은 완벽합니다. 군더더기 한 마디도 없습니다. 뺄 말이 하나도 없습니다. 꼭 있을 말이 있을 자리에 있습니다. 그런 면에서 근본불교 경은 우리가 구체적으로 향상해 나아가는 길에 더 없이 완벽한 안내자가 될 수 있는 것입니다. 그러니 여러분도 부처님 가르침의 핵심인 사성제, 팔정도를 더 잘 이해하도록 노력해보십시오.

통불게 通佛偈

질문 : 저는 부처님 말씀을 좌우명으로 삼아 생활하고 싶습니다. 부처님 가르침 중에 친근하고 길잡이가 될 만한 말씀이 어떤 것이 있을까요?

스님: 참 좋은 질문입니다. 그 질문과 관련하여 제가 주목하는 것은 근본불교에서 〈통불게通佛偈〉라고 알려져 있는 《법구경法句經 *Dhammapada*》 제183 게송입니다. 그 게송은 워낙 잘 알려졌으니까 여러분들이 들으면 곧 알 겁니다. 한문으로 말하면 다음과 같습니다.

諸惡莫作	일체의 악을 짓지 말고
衆善奉行	일체의 선을 받들어 행하고
自淨其意	스스로 그 마음을 맑게 하라
是諸佛法	이것이 모든 부처님들이 한결같이 말씀하시는 핵심 가르침이다.[1]

----

1 *sabbapāpassa akaraṇaṃ*
  kusalassa upasampadā
  sacittapariyodapanaṃ
  etaṃ Buddhānaṃ sāsanaṃ
  《법구경法句經 *Dhammapada*》 제183 게송

모든 부처님들이 한결같이 말씀하시는 핵심 가르침이라는 뜻에서[2] 통불게라 합니다.

말씀이 간단명료하고 뜻도 이해하기 쉽지요? 악 짓지 말고, 선을 행하고, 또 자기 마음을 맑게 하라! 이 말이 왜 그렇게 중요할까요? 세계 역사에 사대 성인을 위시해서 많은 성현들이 계셨는데, 그분들의 가르침은 모두 간단하고 이해하기 쉽습니다. 원래 가르침은 난삽하고 형이상학적인 게 아닌데, 그 가르침들이 어려워진 것은 후대 학자들이 너무 자세하게 설명하려고 과잉친절을 베풀다 그렇게 된 것이지요. 성인들의 가르침은 참으로 쉽고도 분명한 메시지가 담겨 있습니다.

부처님 가르침이 분명한 메시지를 담고 있는 것은 물론이고, 또 부처님은 그 가르침을 체계적으로 잘 정

---

2 석가모니 부처님과 그 이전에 출현하였다는 여섯 부처님(위빳시 *Vipassī*, 시키 *Sikhī*, 웻사부 *Vessabhū*, 까꾸산다 *Kakusandha*, 꼬나아가마나 *Konāgamana*, 깟사빠 *Kassapa*)의 동일한 가르침이라는 뜻. 《장부》14, 〈대전기경 *Mahāpadāna Sutta*〉

리해서 쉽게 이해하도록 전해 주십니다. 애매한 말씀이 없고 추상적인 말씀도 없습니다. 군더더기 없이 압축 요약하여 그 내용을 대단히 쉬운 말로 전해 주십니다. 부처님의 원래 말씀은 그러합니다. 그 대표적인 예가 방금 소개한 통불게입니다. 여기에 불교의 특색이 빠짐없이 잘 담겨 있습니다.

여러분들도 다 아는 게송이지만 재확인하는 뜻에서 한번 음미해 봅시다. 제악막작諸惡莫作하라! 일체의 악을 짓지 마라! 우리가 어렸을 적부터 귀에 못이 박히도록 듣던 말입니다. 어떠한 악도 짓지 마라. 기독교든 유교든 한결같이 가르치는 내용입니다.

그 다음 중선봉행衆善奉行하라! 일체의 선善을 기꺼이 즐겁게 행하라! 이 역시 모든 성현이 한결같이 가르치는 바입니다. 제악막작과 중선봉행. 이 두 가지는 하도 들어서 그냥 아는 것 같지요. 그런데 자신이 안다고 생각하면 은연중에 자기와 동일화시켜서 자기가 행하고 있는 걸로 착각하기 쉽습니다. 어떤 종교를 믿는 사람이든 이 두 가지는 실천하고 있다고 스스로 생각할 겁니다.

다만 타 종교에 비해 불교에서 명확하게 못을 박는 것이 세 번째 항, 자정기의自淨其意하라는 것입니다. 스스로 자기 마음을 맑게 하라! 표현이 대단히 쉽기 때문에 자칫 여기에도 속기 쉽습니다. '착한 일을 하면 마음이 편안해지더라. 내 마음이 상당히 맑아지더라. 전에는 여러 가지 어지러운 생각도 많았는데, 이제는 절에 다니고 기도도 하고 인과因果도 좀 생각하고 하니까 마음이 굉장히 맑고 편안해지더라.' 이렇게들 생각할 수 있습니다. 물론 그것도 자정기의에 들어갑니다. 그러나 불교는 해탈·열반을 지향하는 큰 가르침입니다. 그 때문에 모든 부처님이 한결같이 말씀하시는 통불게의 세 번째 항은 우리가 쉽게 생각하는 정도의 의미만 담고 있는 것이 아닙니다. 자정기의는 우리가 공부를 시작하면서부터 열반할 때까지 적용될 무궁무진한 뜻을 담고 있습니다.

요즈음 세상이 달라지면서 우리는 커다란 가치 혼돈을 느낍니다. 어릴 때부터 착한 일이라고 생각했는데, 그것이 과연 선한 일인지 애매하고 의문스러운 경우를 경험했을 겁니다. 예전엔 악이라고 생각했는데, 이게 정말 악인지 막상 잘 모르겠다는 경험도 있었을 겁니다. 선악이 자명한 줄 알았는데, 이제는 대단히 애매모호하다는 걸 겪게 됩니다. 현대인에게 선과 악 자체에 대한 감각이 무디어져 가는 경향이 두드러집니다.

부처님은 선과 악에 대한 가르침에 덧붙여 '자정기의하라!'는 불교 특유의 가르침을 하나 더 첨가해 놓으셨습니다. 이것이 선과 악을 넘어서 인간 완성의 길에 이르기 위해 불교가 제시한 비결입니다. 우리가 상식적이고 관념적인 선과 악의 범주에 머무르면 판단하기에 애매한 상황에 처했을 때 갈피를 못 잡고 헤매고 맙니다. 그런 경우를 대비해서 부처님은 '자정기의'라는 처방을 제시해 놓으신 것입니다.

자기 마음을 맑게 하려는 노력을 진지하고 본격적으

로 해 나아가면 점차 많은 공덕이 생겨서 선악 판단에 있어서 방황하지 않게 될 뿐 아니라, 선을 완성하는 데 있어서도 바른길을 잡아서 나아가게 됩니다. 결국 통불게의 세 가르침은 가장 쉬우면서도 완벽한 체계성을 가지고 불교의 뼈대를 이루면서 불교의 특성을 잘 표현하고 있습니다.

세부적 사항을 더 공부하기 위해서 그 이외에 많은 경들을 접하게 되는데, 대부분은 이 세 가지를 실천하는 방법에 대한 부연 설명들입니다. 불교는 이 세 가지를 실천하는 방법을 정리 요약해서 제시하고 있습니다. 그것이 팔정도입니다. 우리가 통불게 하나만 깊이 유념하고 있으면 근본에서 불교적 자세를 유지하는 셈이고, 보다 더 정확하게 알고 실천하기 위해 다른 경들을 참고하면 불교공부를 훌륭하게 하는 것이 됩니다.

불교공부라는 것이 어디 저 멀리 높은 데에 있는 것이 아닙니다. 통불게를 기본으로 삼아 불교공부에 접근하면 덜 헤매면서 불교가 일상과 떨어져 있다는 선입견에서 벗어나 가뿐한 마음으로 발걸음 가볍게 정진을 해나갈 수 있을 겁니다.

사회 현상과 인과법칙

질문 : 요즈음 정치나 사회 문제들을 접하고 있노라면 이런 현실 속에서 과연 불교에서 배운 것을 어떻게 살리며 생활할 수 있을까 하는 의문이 듭니다. 심지어는 불교의 가르침이 이런 문제들과 무슨 관련이 있을까 하는 생각마저 듭니다.

스님 : 그 질문을 들으니까 정치 정세나 경제, 사회 문제를 접할 때 쉽게 끓어 넘쳐버리고, 또 쉽게 식어버리는 이 땅의 풍토가 생각납니다. 대체 우리는 왜 그럴까요? 왜 우리는 쉽게 교만해지고 쉽게 넘치고 또 쉽게 잊어버릴까요?

불법에서 가르치는 핵심 중의 하나가 제행무상諸行無常인데, 여러분은 조석으로 신문과 텔레비전을 통해 어제의 서슬 시퍼렇던 권력자가 오늘 청문회에 불려 나오거나 감옥에 가는 것을 보았을 겁니다. 오늘날 우리는 여러 측면에서 세상의 무상함, 이 세상의 덧없는 모습을 아침저녁으로 보고 있습니다. 정말 무상합니다.

그런데 오늘날, 우리는 그렇게 무상을 직접 경험하면서도 부처님이 강조하신 무상의 가르침을 체득하려고 들지 않습니다. 옆에 있던 사람이 죽어도 자기 죽음은 절대로 생각하지 않는 것도 마찬가지입니다. 입으로만 그저 '참 무상해.' 하고 넘어가 버립니다. 우리가 이 시대에 살면서 무상의 가르침을 진지하게 받아들이는 자세가 있다면, 당연히 양은냄비처럼 쉽게 식어버리고 또 지나친 욕구로 치달려가는 상황이 계속 재연되지는 않을 것입니다.

정치·사회적 문제들을 단순히 사회 현상으로 보면 안 됩니다. 그것은 인과의 사슬들입니다. 모든 사회 현상은 불법佛法의 인과법칙을 드러내는 참고서이고, 그것으로부터 우리가 바른 견해〔正見〕를 배울 수 있는 공부터입니다. 우리가 냄비 끓듯이 반응하며 건망증이 심하게 된 것은 정치·사회적 현실을 창조적으로 해석하지 못한 데 있습니다. 그리고 그 문제를 극복해 내는 지성적 전통을 형성하지 못한 탓입니다. 정치·경제·사회의 본질에 대해 올바로 이해한다면, 같은 문제가 반복해서 되풀이되지는 않을 것입니다.

따라서 우리 불자들부터라도 모든 문제를 인과에 비추어 깊이 성찰하고 자성하는 자세를 지녀야 합니다. 남을 탓하면서 들끓기보다 그 문제의 원인을 살펴보고 자기부터 책임지는 자세를 챙겨야 합니다. 그 길은 불법을 실천하는 데 있습니다. 그래야 문제로부터 벗어날 길을 찾을 수 있습니다. 불법을 생활 속에서 실천할 때, 우리는 진정한 부처님의 제자가 되는 것입니다. 부처님 가르침을 몸소 살아낼 때, 우리는 이웃은 물론 지구촌 인류의 안타까운 모습에 대한 책임감 위에서 그 상처의 치유자가 될 수 있습니다. 또 그렇게 되어야 합니다.

그런 측면에서 보면 이 시대는 고품와 고의 소멸을 가르치신 부처님 법을 공부하기에 참으로 좋은 때입니다. 더욱이 우리의 정치, 사회는 고품의 축약판입니다. 고라는 고는 한국에 다 가져다 놓았다 해도 과언이 아닙니다. 공해와 환경 문제는 나날이 심각해지면서 절박하게 우리 피부에 와 닿고 있습니다. 지구 온난화, 사막화를 위시하여 이념갈등, 고질적인 지역갈등, 요즈음엔 세대갈등, 성 갈등까지, 또 인종갈등의 문제도 외국인 노동자가 늘어나면서 심각해질 수 있겠지요. 그처럼 지구상의 대립, 갈등, 분열 요소 등 모든 고가 오늘날의 이 땅에 골고루 갖춰져 있습니다. 그래서 여러분이 살기가 그렇게 고통스러운 것입니다.

그러나 고통을 당하면서 괴로움으로 여길 뿐이라면 마음공부가 안 됩니다. 세상을 고품로 이해하려면 기댈 언덕이 있어야 합니다. 그냥 문제의 소용돌이 속에

집어던져졌다고 해서 사색의 고민이 무르익는 게 아닙니다. 대립과 갈등, 마음의 고뇌 속에서 고와 고의 의미를 바르게 이해하고자 한다면 다행히도 우리는 부처님 가르침으로부터 도움을 받을 수 있습니다. 그런 점에서 작금의 사회 현상은 불교공부를 하는 데에 대단히 적합한 토양입니다.

우리가 어떻게 공부하느냐에 따라 후손들의 삶이 달라질 것입니다. 기성세대가 정신 빠진 채 산다면, 그 행위의 결과를 고스란히 받는 건 바로 우리 자손들입니다. 인과가 어디 딴 데 갑니까? 결국 현실에서 부딪치는 사회 현상을 바르게 이해하기 위해서 지혜를 하나라도 더 닦아야 합니다. 절에 가고 법문을 듣고 경을 읽는 가운데 정말 중요한 것은 지혜의 길을 좀 더 구체적으로 알고 실천하기 위해 노력하는 것입니다. 그러려면 통불게의 정신을 매일 매일 거듭 새기고 확인해야 합니다. 통불게를 실천하는 길은 곧 팔정도입니다. 팔정도의 실천을 통해 당면한 사회 문제를 직시

함으로써 해결의 길을 찾아야 하고 그리고 지혜를 닦
아 높은 지성과 정신문화를 창조해내야 합니다. 바로
그것이 참된 불자의 자세입니다.

내 하기 달렸다

질문 : 저는 절에 다니면서 불교공부를 하고 있지만 남
편이나 다른 식구들은 그렇지 않아요. 그래서 남편의
생각을 좀 바꿔서 함께 불교공부를 해보고자 하는 작
은 욕심을 부렸는데, 결과적으로 지난 삼 년간 갈등만
많아졌습니다.

스님 : 그것은 해보아도 소용없는 일을 억지로 의도하
기 때문에 일어나는 갈등인 것 같습니다. 예컨대 부인
이 자기 남편을 어떤 사람으로 바꾸어 보겠다고 할 때,
한 번 두 번에 그치지 않고 끊임없이 시도하는 게 문

제입니다. 그러다 나중에는 갈등만 일으키고 말지요. 그건 원래 하지 말아야 할 일을 했기 때문입니다.

남편은 그 사람대로 다겁생多劫生을 쌓아온 업業이 있고, 그 결과로서 금생에 몸을 받아 살아갑니다. 그러니까 그 사람의 사고방식이 있고 그 사람의 주장이 있고 또 그 사람의 복력이 있다는 말입니다. 그걸 다 무시하고 그 사람 한번 바꾸어보겠다고 한다면 내 마음대로 되겠습니까? 그래서는 될 일이 아닙니다. 자기 자신도 마음대로 안 되고, 자기 자식도 마음대로 안 되는데 자기 남편인들 어찌 마음대로 할 수 있습니까? 가당치 않습니다.

그러면 어떻게 해야 할까요? 부처님 법을 알고 실천해야 합니다. 모두들 다겁생을 살아온 사연을 가진 존재니까 가급적이면 그 사연을 존중해 주라는 겁니다. 나나 자식이나 남편이나 내 마음대로 되진 않지만, 그래도 그나마 내가 통제할 수 있는 대상은 '나' 자신이지요. 식구라 해도 사람은 각자 사연이 있으니까 내가 함

부로 개입할 일이 아닙니다. 그나마 내가 개입할 수 있는 것은 나 자신 아니겠습니까. 자기 자신을 보고, 자기 자신이 스스로 개선하려고 노력하고, 그러면서 '나' 이외의 사람에 대해서는 기대와 욕망을 최소한으로 줄이는 것, 그것이 내가 할 수 있는 일 아니겠습니까.

'남편일지라도 내 마음대로 만들겠다.' 하는 것은 작은 욕심 정도가 아니라 지나친 욕심입니다. 아니, 내 마음대로 상대를 주물러서 내 생각대로 만들겠다는 것은 욕심이 지나친 것은 물론이고 될 성싶지 않은 천만부당한 일입니다. 터무니없는 이야기지요. 그걸 이제 법답게 작은 욕심으로 만들어야 합니다. 상대를 어떻게 만들겠다는 욕망은 최소로 줄이십시오. 내가 무려 삼 년을 바쳐서 노력했는데 그 성과가 이것밖에 안 되는가라고 생각하지 마십시오. 상대에게서 변화가 조금이라도 나타나면 감사하고 만족하십시오. 이것이 공부입니다.

무슨 일이든 내 기대만큼 결과가 나타나지 않는 것

은 그 일을 방해하는 업을 자신이 그만큼 많이 지었기 때문입니다. 남이 막는 게 아니라 누구든 자신의 업이 막지요. 가령 자신의 향상을 위한 씨앗을 심으려고 이십 센티미터를 파서 심었다 합시다. 그런데 씨앗이 뚫고 올라오다가 중간에 힘이 부쳐 못 올라 올 수도 있지요. 우리가 새로운 무엇을 하나 키우려는데 과거생의 업 때문에 나머지 십 센티미터의 극복이 어려울 수 있습니다. 새로 뭔가를 키우는 것도 내 업이고, 극복하지 못한 십 센티미터 그것도 내 업입니다. 누굴 탓하겠습니까.

그렇긴 해도 향상의 씨앗을 키우는 걸 포기할 일입니까? 그건 아닙니다. 다만 얼마라도 노력해서 향상의 싹이 올라와야지요. 불교에서는 심지어 '일체가 내 하기에 달렸다'는 가르침이 있습니다. 바깥을 쳐다보지 말고 남 탓하지 말고 자신이 조금이라도 향상하면 향상하는 만큼 고마운 줄 알면서 꾸준히 노력해 가면, 그것이 나중에 해탈·열반의 불씨가 되는 겁니다.

우리가 세속에서 허구한 날 키워온 것이 욕심인데, 그 욕심을 불교공부에까지 끌어들여서 성급하게 뭔가를 이루려고 욕심을 부리면, 그건 부처님 법에 대한 경건한 자세가 아닙니다. 바깥에 있는 요소들 역시 모두 제대로 중심 잡지 못하고 어지럽게 나부끼고 있기 마련이어서, 우리가 누구나 마음공부를 하려고 할 때는 이런 바깥 요소들이 장애가 될 수 있습니다. 남편이 이해를 못하고, 자식들이 알아주지 않고, 부모까지도 못마땅한 눈으로 볼 수 있겠지요. 거기에다 대고 '오늘 절에 가서 좋은 법문을 들었는데 당신 이러면 안 된다.'고 하면서 상대를 가르치려고 들면, 오히려 내 마음공부 길이 자꾸 막히게 됩니다. 그건 어설프게 공부하는 태도입니다.

반면에 공부를 제대로 해서 자신의 공부한 것을 감추고, 자기 덕을 감추고, 남모르게 베풀면 뜻밖에도 그 완강하던 저항 세력이 쉽게 무너질 수 있습니다. 뿐만 아니라 모두가 나를 응원하는 힘으로 바뀔 수 있지요.

이 세상은 모든 요소들이 다 불안하고 흔들리고 있는 만치 내가 확고하게 좋은 길을 걸으면 그런 반전의 기회가 다투어서 올 것입니다.

일체가 내 하기에 달렸습니다. 내가 이기적으로 움직이면 남도 이기심이 발동합니다. 내가 내 중심으로 상대를 대하는 태도를 버리려고 노력하면 남도 이기심을 가지고 있다가도 쑥스럽고 멋쩍으니까 이기심이 줄어들게 됩니다. 더욱이 내가 진실로 정법正法을 꾸준히 지향해서 법의 향기를 풍기는데, 어떻게 비린내를 계속 풍기면서 염치없이 굴겠습니까. 그게 법의 힘입니다.

일상에서 챙기는 마음공부

질문 : 저는 어릴 적부터 어른들을 따라 절에 가서 법회에 참석하곤 했습니다. 그런데 근본불교에 대한 스

님 말씀을 듣고 보니까 과연 우리 집에서는 불교를 믿었다고 할 수 있는가, 내 종교가 불교라고 말할 수 있는가 하는 의문이 듭니다. 스님께서 자기 내면을 보라고 말씀하시는데, 마음공부를 하려면 어떻게 해야 할지 모르겠습니다.

스님 : 좋은 질문입니다. 근본불교가 무엇인가 또 마음공부가 무엇인가 하는 질문이군요. 부처님 가르침의 핵심이 사성제, 팔정도이고 마음공부의 길이 팔정도입니다. 부처님은 '열반이 좋다, 열반을 성취하라'고 막연하게 말씀하지 않으셨습니다. 구체적인 길을 제시해 주셨습니다. 부처님은 진리를 증득하시고 중생을 위해 법을 세우신 분입니다. 불법은 중생을 위해 설하신 것입니다.

부처님이 법을 설하셨다는 것은 진리에 도달하는 구체적인 방법도 말씀하셨다는 뜻입니다. 법이란 진리에 도달하는 구체적이고 실천적인 가르침의 체계이고, 그 가르침을 실천해 나가는 길[道]을 포함하는 것입니다. 그 길은 팔정도입니다.

팔정도에는 공부의 세 축에 해당하는 계·정·혜戒定慧 삼학三學이 조화롭게 담겨져 있습니다. 자기 내면을 보려면 계·정·혜를 두루 겸비해야 합니다. 그 구체적인 방법은 바른 견해[正見]를 갖추고 바른 사유[正思], 바른 말[正語], 바른 행위[正業], 바른 생계[正命]를 행하면서 바른 노력[正精進]과 바른 마음챙김[正念]과 바른 집중[正定] 공부를 하는 것입니다. 따라서 자기 내면을 보는 공부를 한다는 것은 마음챙김 공부를 한다는 것이고, 그 공부는 팔정도 전체 맥락 속에서 해야 합니다. 팔정도를 따르는 바른 마음챙김과 바른 집중은 팔정도를 따르지 않는 마음챙김이나 집중과는 하늘과 땅만큼이나 차이가 납니다. 이 점을 잊지 말아야 합니다.

불교는 어떤 분파든지 다 부처님 말씀을 근거로 하고 있습니다만, 앞서 말했듯이 근본불교는 부처님의

원래 가르침인 중도, 사성제, 팔정도를 말합니다. 부처
님 가르침의 핵심이 중도中道, 즉 팔정도라는 사실을
명심해야 근본불교에 대한 이해가 열릴 것입니다. 팔
정도를 벗어나면 근본불교를 만나기는 어렵습니다.

그런 뜻에서 팔정도를 따라 바른 마음챙김을 통하여
바른 집중 공부를 하는 것이 중요합니다. 부처님은 바
른 마음챙김, 사띠sati는 신·수·심·법身受心法 사념처
四念處라고 말씀하셨습니다. 바른 마음챙김, 정념正念
은 지止 samatha와 관觀 vipassanā을 다 포용하는 아주
근원적이고 포괄적인 방법입니다. 여러분이 팔정도를
실천하는 길로서 마음챙김 수행을 한다면 부처님이 가
르치신 법의 본령에 다가가게 될 것입니다.

마음챙김 공부의 출발은 바깥으로 관심을 기울이던
습관에서 벗어나 자기 안으로 관심을 기울이는 일입니
다. 잠시만이라도 안을 보려고 노력하면 자기 마음이
얼마나 헐떡이고 있는지 그 모습을 보게 됩니다. 마음
을 챙겨 자꾸 안을 보면 차츰 자기 마음이 흐르는 구

체적 양상을 알게 됩니다.

마음챙김 공부를 하다 보면 처음에는 잊어버리고 하루 종일 못 챙길 수도 있지요. 하지만 그 다음 날 다시 마음을 챙기는 사람은 공부하는 사람입니다. 그러다가 계속 못 챙기는 수도 있겠지만 다시 챙기기를 시작하면 조금씩 나아집니다. 오 분쯤 딴 생각하고 있다가 '아차, 내가 또 정신을 팔고 있구나.' 하고 알 때, 마음 챙기는 힘이 생깁니다. 오 분 지나서 챙기는 사람이 조금 더 노력하면 일 분만 지나도 '아, 내가 또 잊어버리고 있구나.' 하고 있는 그대로 보게 됩니다. 마음을 챙기기 위해 스트레스를 받을 게 아니라, 그저 '아, 내가 놓치고 있구나.'라고 바라보고 또 챙기는 것입니다.

사실 우리의 인생살이가 마음챙김을 계속 놓치는 고생살이입니다. 계속 바깥 대경對境에 정신을 파는 삶입니다. 불교의 수행 분상에서 볼 때 바깥에 정신을 파는 것이 우리 일상생활이지요. 그런 점에서 마음챙김으로 돌아서는 것이 바로 마음공부입니다. 마음공부라

는 게 다름 아니라 놓치지 않고 마음챙김을 계속하는
것입니다.

화내지 않는 수행

질문 : 사람이 모자라는 것투성이지만 제 자신을 봤을
때 제일 큰 결점은 걸핏하면 화를 내는 것입니다. 어
떻게 하면 여유를 가지고 화를 덜 내고 화를 삭일 수
있는가 궁금합니다.

스님 : 조금 전에 말했듯이 자기 마음을 계속 챙기다
보면 마침내 자기가 화내고 있는 과정도 볼 수 있게
됩니다. 처음에는 정신이 팔려서 화를 한참 내고 있다
가 '아, 내가 화를 내고 있구나.'라고 보는 힘이 생긴다
는 말입니다. 거기서 더 나가면 '내가 화를 내기 시작
하는구나.'라고 볼 수 있습니다. 거기서 또 더 나가면

'아, 내가 지금 화내려 하네.'라고 보게 됩니다. '화를 내려 하는구나.'라고 보았으니 화를 내지 않고 지나가게 되는 것입니다. 그렇게 되면 화내는 마음은 자기 손아귀에 들게 됩니다. 화의 지배를 받지 않고 화내는 마음을 다스리게 됩니다.

그렇게 화를 알아차리는 속도가 점점 빨라지고 즉각적이 되면 수행의 효과가 나타납니다. 화를 내고 난 다음에 알아차리는 것이 아니라, 화가 나려는 그 자리에서 화를 바로 포착하는 힘이 붙게 되는 것입니다. 성냄뿐 아니라 두려움에 떠는 것, 욕심을 내는 것, 이 모든 것을 다 그 현장에서 바로 보고 그 시발과 시동의 단계에서 알아차리면 그칠 수 있습니다. 그러면 포착하는 힘이 저절로 붙습니다. 이렇게 마음챙김을 통해 알아차리면 마음에 일어나는 온갖 탐·진·치를 다스려갈 수 있습니다.

물론 들어오는 자극의 강약에 따라서 우리가 탐·진·치를 일으키는 강도도 다릅니다. 수행을 하면 웬만한 것

은 잘 알아차리는데, 갑작스레 강력한 자극이 우리 안·
이·비·설·신·의眼耳鼻舌身意 육근六根을 때리고 들어
오면 어느덧 정신이 팔려버리고 말지요. 그렇긴 해도
탐·진·치에 휩쓸리느냐 아니냐 하는 문제는 내면의
힘에 달려 있습니다. 외부 자극이나 충격이 약해지기
를 바랄 수는 없습니다. 바깥 세계가 내 여섯 감각기
관을 치고 들어오는 것이 약해지도록 기원할 수는 없
습니다. 바깥 세계는 실은 나와 전혀 관계없는 일입니
다. 따라서 탐·진·치에 휩쓸리지 않으려면 외부에서
뚫고 들어오는 자극이나 충격이 어떻든 간에 내가 스
스로 알아차리며 마음 챙기는 힘을 기르는 수밖에 없
습니다.

　오직 내가 육근을 잘 통제해서 어떤 것이 뚫고 들어
와도 그 자리에서 '있는 그대로' 포착하는 힘을 키우는
길밖에는 없습니다. 그런 힘이 커가는 것을 '수행력이
늘어간다, 정진력이 붙어간다.'고 하는 것입니다. 그러
한 노력을 거듭하면 자기 마음이 어떨 때 화를 내는지

읽을 수 있고 또 화를 내지 않을 수 있습니다. 화냄을 초월한 경지에서 화내는 자기 습관을 내려다 볼 수 있는 것입니다. 그러한 경지에 도달하면 진정 내면의 힘이 강해지는 것입니다.

이런 식으로 공부가 진행되면 탐·진·치 삼독에서 한 걸음씩 풀려나 마침내 불교 수행의 완성인 아라한에 이르게 됩니다. 이처럼 탐욕貪慾, 진심瞋心, 치암癡暗이 자기 자신과 인연이 완전히 끝나버린 경지에 도달하면 어떤 경우에도 탐할 줄 모르고 탐할 필요도 없고, 화낼 줄 모르고 화낼 필요도 없고, 두려워할 줄 모르고 두려워할 필요도 없는 대 자유의 경지에 도달할 것입니다.

여러분, 우리가 법을 제대로 알면 알수록 조금이라도 닦으면 닦을수록 일상 현실에서나 수행 분상에서나 모두 이익이 됩니다. 한 예로 팔정도에 바른 말, 정어正語라는 항목을 봅시다. 부처님 말씀대로 하면 바른 말이란 '진실을 때와 장소에 맞게, 오해의 소지 없이 명료하게, 상대를 배려하여 교양 있게 말하는 것'입니다.

거짓말을 많이 하던 사람이 처음으로 바른 말을 실천한다고 합시다. 그 사람이 어느 날 갑자기 정직한 말을 한다 해도 처음에는 누가 정직한 말이라고 받아들여 주겠습니까. 또 하나의 고단수 거짓말이라고 하겠지요. 처음에는 그렇습니다. 그러나 계속 정직한 말을 하게 되면 시간이 지나면서 사람들은 그 사람이 거짓말을 하지 않는다고 인식하게 됩니다.

한 번 거짓말을 하면 계속 거짓말을 해야 합니다. 거짓말도 앞뒤가 맞아야 탄로 나지 않으니까 거짓말에 또 다른 거짓말을 계속 덧붙이게 됩니다. 거짓말은 건강상으로도 좋지 않고 사회적 신뢰도에도 좋지 않은 것은 말할 나위도 없습니다. 거짓말은 좋지 않습니다. 계속 머리 굴리고 신경 써야 하니까요. 하지만 참말을 하면 진실을 드러냈으므로 신경을 써서 앞뒤를 맞추어야 할 필요가 없습니다. 참말은 우선 에너지 소모를 엄청나게 줄일 수 있습니다. 뿐만 아니라 참말은 법답게 사는 것입니다.

법을 어긋나게 잘못 쓰는 사람은 금생에도 괴롭고, 다음 생에도 더 괴로워지는 어려운 길에 빠져듭니다. 반면 법답게 사는 사람은 금생에 행복하고 내생에도 행복하게 되어 있습니다. 우리가 법답게 선한 길을 걸으면 매사가 원만하게 잘 풀립니다. 정신적으로 건강하면 상호 신뢰관계가 형성되어 명랑해지고 분위기가 화창해지니 당연히 복福이 들어옵니다.

우리가 복의 입장에 있다고 생각해 봅시다. 복이란 놈이 있는데, 이 복은 어디 안길 데가 없어서 이리저리 헤매고 있습니다. 요즈음 사람들이 복 차버리는 짓만 하고 있거든요. 복을 내쫓는 짓만 하고 있어요. 그래서 제일 불행하고 고달픈 것이 복입니다. 복은 주인을 못 만나서 헤매고 있습니다. 여기 가도 차버리고, 저기 가도 차버리고, 전부 박복한 짓만 하고 있습니다. 소위 '복을 구한다'고 하면서 복을 차버리고 있습니다. 여러분, 복이 결국 덕德과 다르지 않고, 덕이 지혜와 다르지 않고 자비와 다르지 않은 이치를 깊이 새겨봅시다. 복의 정체를 알아 실천하는 것이 바로 불교를 일상에서 공부하는 길입니다.

근본불교를 실천하려면

질문 : 근본불교를 공부하면서 일상생활에서 제대로 실천하려면 어떻게 하는 것이 좋을까요?

스님 : 여러분들이 근본불교를 실천하려고 한다면 기본적으로 한 가지 요청되는 것이 있습니다. 그것은 정직성입니다.

자기 내면을 보려면 정직해야 하고, 정직하지 않으면 자신을 바로 볼 수 없습니다. 사람들이 거울 앞에서 좀 더 가리고 분칠하고 좀 더 꾸미려 하지요. '있는 그대로'가 아니라 '자기가 원하는 대로'의 얼굴과 모습을 만들려고 애를 씁니다. 왜 그럴까요? 정직하게 있는 그대로의 자기 민낯을 대면하기 어려운 탓이지요.

우리가 자기의 마음을 바라보는 것도 이와 같습니다. 여러분이 앉아서 마음을 진정시키고 바깥으로 치달리던 마음을 안으로 돌리면 자신의 모습이 하나하나 떠오릅니다. 어려서부터 겪었던 과거 경험까지 다 떠오르지요. 어렸을 적 싸우고, 거짓말하고, 속이고, 마음속으로 바랐던 모든 것들이 떠오릅니다. 보면 볼수록 부끄럽고 창피스럽고 지저분하지요. '내가 이렇게 보잘 것 없고 추악한가?' 마치 거울 앞에서 자신의 얼굴을 못마땅하게 생각하듯이 자기의 내면을 들여다보면 그렇게 부끄럽기만 합니다.

그처럼 자기 내면은 보면 볼수록 부끄럽고 못나고 어리석고 미흡합니다. 그걸 계속 보고 있기가 부담스러워 다른 쪽으로 생각을 돌려버립니다. 자기 합리화, 자기 정당화, 자기 회피, 자기기만을 합니다. 그렇게 부정직해서는 '있는 그대로'의 자기는 영원히 못 보고

53

맙니다. 계속 분칠만 하고 앉았는데 어떻게 자기 내면의 모습을 봅니까.

우리가 마음공부를 하려면 그 못나고 어리석고 부족하고, 어떻게 보면 추악하기도 한 자신의 모습을 그대로 계속 지켜볼 수 있는 뱃심이 필요합니다. 그러한 정직성이 필요합니다. 정직하지 않으면 이 공부는 결국 자기기만으로 떨어지고 맙니다. 스스로 속이는 겁니다.

지금 이런 자리에서도 여러분이 '내가 스님에게 이런 질문을 드리면 남들이 어떻게 생각할까? 내가 불교를 잘 모른다는 사실이 드러나지 않을까?'를 생각한다면, 그것도 자기기만입니다. 마음챙김은 그런 자기기만에서 벗어나는 데서부터 시작되는 것입니다.

근본불교를 공부한다고 하는데 근본불교가 무엇인지 한 번 생각해 봅시다. 오늘날 우리는 부처님이 평생 동안 설하신 가르침을 경을 통해서 배웁니다. 당시의 제자들보다 부처님 가르침을 더 많이 접할 수 있습니다. 부처님 제자들은 자기와 부처님과의 사이에 있었던 대화 또는 주변의 도반들이 부처님과 가졌던 대화를 단편적으로 듣고 기억하는 정도입니다. 어떤 분은 부처님을 만나자마자 한 마디 듣고 오로지 그 말씀에 의지하여 공부하고 마침내 해탈·열반을 이루기도 했습니다. 그러나 사실 우리의 상황은 당시 부처님 지도를 받던 제자들과는 매우 다릅니다. 우리는 방대한 경전을 원하면 언제든 접할 수 있지만 경을 많이 접한다 해서 부처님 가르침을 알고 실천하는 것이 될 수는 없겠지요.

《법구경》에서 누누이 말씀하셨듯이 부처님은 우리에게 많은 지식을 요구하지 않으십니다. 세속적 지식, 그것은 오히려 털어버려야 할 일종의 선입견 내지 고정관념의 덩어리일 뿐입니다. 편견의 덩어리이지요. 우리가 학교나 가정, 사회에서 배워 온 모든 지식들이 불교의 눈으로 볼 때는 하나의 고정관념 체계입니다. 그래서 일반적인 지식은 물론 불교에 대한 과다한 지식장이, 정보장이가 되려는 욕구에서 헤어나야 합니다. 근본불교에서는 갈애를 일으키는 그 무엇도 구하지 않습니다. 지식도 갈애의 원인이 되기 때문입니다.

근본불교 공부를 실천하는 것은 정직하고 순수한 마음으로 자기 내면을 들여다보는 것입니다. 자기 내면에 들끓고 있는 온갖 탐욕, 못마땅해 하고 성내는 마음, 두려움과 미혹의 덩어리, 어리석음, 이런 것들을 있는 그대로 보고 그것을 뿌리까지 캐내어 버리면서 자신을 끝없이 정화시키려는 노력을 하는 것입니다.

근본불교는 무슨 신통을 구하는 것도, 세속적인 성공의 비결을 구하는 것도 아닙니다. 자기 자신을 끝없이 순화하고 정화시켜서 마침내는 탐·진·치 삼독으로부터 완전히 벗어나 해탈·열반하는 경지, 그것을 근본불교는 지향하고 있습니다. 여러분이 근본불교를 접하고 수행하려면 자기를 있는 그대로 바라볼 수 있는 용기, 자기 자신을 있는 그대로 직면해서 정직하게 고개 돌리지 않고 계속 지켜볼 수 있는 용기를 먼저

갖추어야 합니다.

그런 정직성과 용기가 없으면 근본불교를 실천하지 못합니다. 도대체 불교를 알 수가 없습니다. 자기를 보기가 불안해서, 보면 볼수록 미흡해서 '나 같은 존재가 감히 해탈·열반이라니' 하면서 자기를 저평가해버립니다. 그리고는 부처님이나 전지전능한 신을 마음속에 그리고 그 앞에 달려가 울고불고 매달리고 사정하고 애원하겠지요. 그렇게 되기 쉽습니다. 여러분, 부디 처음부터 끝까지 정직하게 자기 내면을 들여다보는 용기를 가지고 근본불교 수행을 꾸준히 해나가시기 바랍니다.

마음챙김의 이익

질문 : 근본불교 수행을 하면 어떤 이익이 있을까요?

스님 : 근본불교 수행은 저 멀리 있고 나와는 무관할

것 같지만 실은 그 출발은 일상생활에서부터입니다. 흔히 일상인으로서 불교공부를 해 낼 자신감이 없다고 생각할 수 있습니다. 과연 부처님 가르침대로 살아도 세상만사가 무사할까라는 걱정이 앞을 가려서 남들이 하는 대로 관습적인 삶을 흉내 내고 모방하면서 따라가는 겁니다. 법답게 살면 일상사에도 실제 도움이 되는지 아닌지 확인도 하지 않은 채 겁부터 냅니다. 자기를 속이는 것이지요. 그러나 조금만 확인해 보면 법답게 사는 것이 자기 향상에 도움이 되는 것은 물론 일상생활에도 도움이 된다는 것이 분명해집니다.

정직하게 불교 수행을 하여 얻을 수 있는 이익은 지혜와 자비입니다. 지혜와 자비는 불교의 본질을 이루는 두 축입니다. 그것은 저 높은 경지에 오른 수행자들의 능력일 뿐 아니라 일상을 사는 사람들에게도 커다란 도움이 되는 힘입니다. 자식에 대해서나, 배우자에 대해서나, 모든 인간관계에서 지혜와 자비를 실천한다면 여러분이 일상생활에서 겪는 경험들을 발전적으로 살려내어 자기 것으로 만들 수 있습니다. 뿐만 아니라 우리가 죽을 때 가지고 갈 수 있는 유일한 자산인 저승길 노자, 그것은 다름 아닌 지혜와 자비심입니다. 그 자산을 확보하게 되면 금생의 끝맺음이 아주 좋을 것입니다.

내가 죽을 때 어느 정도의 의식 수준에 도달하고, 다음 생에 어떤 의식 수준에서 살아갈 것인가? 이것은 정말 진지하게 생각해야 할 과제입니다. 그 점에서 여러분은 자신이 어떤 경험을 주로 겪으며 살았고, 그 경험을 어떻게 처리해 왔는지를 마음 챙겨 되돌아보며 결산지어야 합니다. 그렇게 자기 정신의 발전 단계를 정직하게 점검할 필요가 있습니다. 사람은 '잘 죽기 위해서 산다'고 해도 과언이 아닙니다. 돈 많이 벌었다고 해서 잘 산 것 아니고, 출세했다고 잘 산 것 아닙니다.

그러면 어떤 것이 잘 산 것일까요? 죽을 때 후회도 없고, 두려움도 없고, 불안도 없이 담담하고 태연하게 마음을 챙길 수 있어야 합니다. 죽음을 새로운 시작의 기회로 받아들일 수 있을 때 잘 살았다 할 수 있습니다. 죽을 때 가져갈 수 있는 자산이 지혜와 자비심 말고 무엇이 있겠습니까? 깊이 생각해 보십시오! 두려움이나 공포나 후회가 아니라 새로운 출발을 다시 시작하는 태연함과 담담함을 가지고 죽음을 맞이할 준비를 갖추고 하루하루 살아간다면, 참으로 그것은 아름다운 인생이 될 것입니다. 요컨대 정직하게 바른 마음챙김을 하는 근본불교 공부는 여러분의 삶의 현장인 일상생활에서부터 좋은 죽음에 이르기까지 크나큰 공덕이 되는 지혜와 자비심을 여러분에게 가져다 줄 것입니다. ❀

말한이 **활성 스님**

1938년 출생. 1975년 통도사 경봉 스님 문하에 출가. 통도사 극락
암 아란야, 해인사, 봉암사, 태백산 동암, 축서사 등지에서 수행
정진. 현재 지리산 토굴에서 정진 중. 〈고요한소리〉 회주

엮은이 **김용호**

1957년 출생. 전 성공회대학교 문화대학원 교수(문화비평, 문화철
학).

〈고요한소리〉는

• 　　　붓다의 불교, 붓다 당신의 불교를 발굴, 천착, 실천, 선양하는 것을 목적으로 설립되었습니다.

• 　　　고요한소리 회주 활성스님의 법문을 '소리' 문고로 엮어 발행하고 있습니다.

• 　　　1987년 창립 이래 스리랑카의 불자출판협회(BPS)에서 간행한 훌륭한 불서 및 논문들을 국내에 번역 소개하고 있습니다.

• 　　　이 작은 책자는 근본불교를 중심으로 불교철학·심리학·수행법 등 실생활과 연관된 다양한 분야의 문제를 다루는 연간물連刊物입니다. 이 책들은 실천불교의 진수로서, 불법을 가깝게 하려는 분이나 좀 더 깊이 수행해보고자 하는 분에게 많은 도움이 될 것입니다.

• 　　　이 책의 출판 비용은 뜻을 같이 하는 회원들이 보내주시는 회비로 충당되며, 판매 비용은 전액 빠알리 경전의 역경과 그 준비 사업을 위한 기금으로 적립됩니다. 출판 비용과 기금 조성에 도움주신 회원님들께 감사드리며 〈고요한소리〉 모임에 새로이 동참하실 회원을 기다리고 있습니다.

• 　　　〈고요한소리〉 책 읽기와 듣기는 리디북스(RIDIBOOKS)와 유나방송에서 만나볼 수 있습니다.

- 〈고요한소리〉 회원으로 가입하시려면,
  이름, 전화번호, 우편물 받을 주소, e-mail 주소를 〈고요한소리〉
  서울 사무실에 알려주십시오.
  (전화: 02-739-6328, 02-725-3408)
- 회원에게는 〈고요한소리〉에서 출간하는 도서를 보내드리고, 법
  회나 모임·행사 등 활동 소식을 전해드립니다.
- 회비, 후원금, 책값 등을 보내실 계좌는 아래와 같습니다.

국민은행 006-01-0689-346

우리은행 004-007718-01-001

농협　　032-01-175056

우체국　010579-01-002831

예금주　(사)고요한소리

마음을 맑게 하는 〈고요한소리〉 도서

단행본

이 도서의 국립중앙도서관 출판예정도서목록(CIP)은
서지정보유통지원시스템 홈페이지(http://seoji.nl.go.kr)와
국가자료공동목록시스템(http://www.nl.go.kr/kolisnet)에서
이용하실 수 있습니다. (CIP제어번호:CIP2019015710)

소리 · 열일곱
일상생활과 불교공부

초판 1쇄 발행 2019년 5월 3일
초판 2쇄 발행 2019년 9월 30일

말한이	활성
엮은이	김용호
펴낸이	하주락 · 변영섭
펴낸곳	(사)고요한소리
출판등록	제1-879호. 1989. 2. 18.
주 소	서울시 종로구 인사동길 47-5 (우 03145)
연락처	전화 02-739-6328, 725-3408 팩스 02-723-9804
	부산지부 051-513-6650 대구지부 053-755-6035
	대전지부 042-488-1689
홈페이지	www.calmvoice.org
이메일	calmvs@hanmail.net
ISBN	978-89-85186-98-8 02220

값 1000원